Moritzburg

Das Paradies am Rande Dresdens

Bilder einer Landschaft

Christian Striefler und Ingrid Möbius
Aufnahmen von Gabriele Hilsky

Moritzburg
Das Paradies am Rande Dresdens

Bilder einer Landschaft

Herausgegeben von den
Staatlichen Schlössern, Burgen und Gärten Sachsen
Schloss Moritzburg und Fasanenschlösschen

DEUTSCHER KUNSTVERLAG

Impressum

Sämtliche Aufnahmen Gabriele Hilsky, Moritzburg, mit Ausnahme von
Seite 8, 11, 13: Staatlichen Schlössern, Burgen und Gärten Sachsen (Foto: Jürgen Karpinski)
Seite 158/159: Staatlichen Schlössern, Burgen und Gärten Sachsen

Lektorat: Rainer Schmaus

Gestaltung, Satz und Herstellung: Edgar Endl

Gesetzt aus der Utopia

Gedruckt auf Gardamatt

Reproduktionen: Lanarepro, Lana (Südtirol)

Druck und Bindung: Printer Trento, Trient

Bibliografische Information der Deutschen Nationalbibliothek
Die Deutsche Nationalbibliothek verzeichnet diese Publikation in der Deutschen Nationalbibliografie; detaillierte bibliografische Daten sind im Internet über http://dnb.d-nb.de abrufbar.

ISBN 978-3-422-02174-7

Inhalt

Christian Striefler

Den Seeweg nach China wiederentdecken

Als Lancelot »Capability« Brown einst von einem irischen Adligen gefragt wurde, ob er nicht auch für ihn in seiner Heimat einen Landschaftsgarten gestalten könne, antwortete dieser: »I'm not yet finished with England.« Brown, sozusagen der Urvater aller Landschaftsparks englischen Stils, hatte nicht völlig Unrecht mit dieser überheblich erscheinenden, aber gar nicht so gemeinten schroffen Antwort. Denn fährt man heute durch England, insbesondere den Süden, dann mag man sich des Eindrucks nicht verschließen, dass ganz England mit Ausnahme der Städte und Straßen zumindest im Süden ein einziger Landschaftsgarten ist.

Wenn wir heute Moritzburg betrachtend von einer Kulturlandschaft sprechen, so mag dies auf den ersten Blick als etwas Selbstverständliches gelten. Denn heute ist in unseren Breitengraden jede Landschaft der Natur abgerungen, wird dem Menschen zu Nutzen gemacht oder durch Forstleute, Landwirte oder eben Landschaftsarchitekten geformt. In Moritzburg ist das Ganze aber doch etwas Besonderes. Denn diese Kulturlandschaft hat in der Tat zwei Zentren, ja eigentlich drei: Beherrschend und dem Ort bis heute seinen Namen gebend das Barockschloss, das in seinen Ausmaßen und der Insellage nur noch von Ferne an die eigentlich wehrhafte Burganlage erinnern soll. Auch hier zeigt sich einmal mehr, dass Schloss Moritzburg den Übergang von der Reise- zur Residenzherrschaft in einem einzigen Wort vollzogen hat. Das Barockschloss fehlt in kaum einem Reiseführer, ja es ist eines der beliebtesten und am häufigsten fotografierten Objekte in ganz Sachsen. Über 200.000 Gäste wollen dieses kulturhistorisch bedeutsame Jagdschloss Augusts des Starken jährlich besuchen und sich im Monströsensaal, im Federzimmer, in der Gemäldesammlung oder jüngst im wieder eingerichteten Porzellanquartier in längst vergangene Zeiten zurückversetzen lassen.

Von der Schlossküche hat man durch eine Schneise im Wald dann den wunderbaren Blick zum verwunschen liegenden Fasanenschlösschen. Wer zum ersten Mal diesen Weg hinüber beschreitet, wird aus dem Staunen nicht mehr herauskommen: Ein Leuchtturm steht – kaum ist man aus dem Wald herausgetreten – an einem Teich, und man glaubt seinen Augen nicht zu trauen. Die chinoise Anmutung verweist auf eine ganz wunderbare Geschichte, wie sie der erste sächsische König in seiner Zeit als Kurfürst Friedrich August III. gemeinsam mit seinem Freund, dem Grafen Marcolini, und dem russischen Admiral, Alexej Orlow, dort nachgespielt haben. Es sollen Schiffchen, größere und kleinere Fregatten, auf dem niederen Großteich hin und her gefahren sein und man imaginierte sich anhand der Bilder die Seeschlacht von Konstantinopel, die einst für das Land einer der wichtigsten militärischen Erfolge zur Zeit Katharinas der Großen gewesen ist, denn der Sieg über die Türken eröffnete Russland den Weg ins Mittelmeer. In diesen europäischen Zusammenhängen muss man denken, wenn man über Moritzburg und die Kulturlandschaft spricht, denn hier ist alles geformte Natur, der scheinbar »natürliche« Zustand, der im Landschaftsgarten englischer Prägung angestrebt wurde, übertrug und vermischte sich mit der Gestaltung der gesamten Kulturlandschaft. Moritzburg ist sicherlich anders einzuordnen als Wörlitz oder Muskau, die beiden großen Stätten des Weltkulturerbes, denn es kommen neben der Landschaftsarchitektur noch ganz andere Ideen zum Tragen. Fischerei und Jagd, die beiden ursprünglichsten Tätigkeiten der Menschheit werden hier nicht nur angedeutet, sondern in ihrer ganzen Breite dem Publikum dargeboten. Von der Jagd ist ja nicht nur das Schloss in seiner Inneneinrichtung als Jagdschloss geprägt, sondern auch das Hellhaus, das sich mit seinen sternförmigen Schneisen im Norden von Barockschloss und Fasanenschlösschen leider heute in einem wenig präsentablen Äußeren zeigt, spricht ebenfalls eine deutliche Sprache. Im Hellhaus, dem dritten Gebäude der Moritzburger Kulturlandschaft, versammelte sich August der Starke, dem wir diese Landschaftsgestaltung letztlich verdanken, nach den großen Jagden mit seiner Gesellschaft im Forst. Hier ist so manche Jagdgesellschaft sehr fröhlich und wahrscheinlich auch sehr feucht begangen worden. Die Idee des Architekten Assisi, die Besucher hieran wieder in einer ansprechenden Form zu erinnern, wäre aller Ehren wert, umgesetzt zu werden. Der Gedanke Asissis, das Hellhaus nach der Sanierung im Inneren mit einem gläsernen Dach zu versehen, so dass man quasi im Wald steht und durch die Gaupen dann in die Natur zu schauen, wie sie vor 280 Jahren gewesen sein muss, ist ausgesprochen reizvoll.

Der naive und unvorbereitete Betrachter könnte meinen, die Wälder um Moritzburg seien so, wie sie einst geschaffen worden, und nur zufällig seien später dann Fasanenschlösschen und Hellhaus hineingesetzt worden. Dies ist natürlich ein grandioser Irrtum, denn alles ist hier aufeinander bezogen, und mit viel Bedacht sind die Wasserflächen dazwischen geschaffen worden, so dass wir uns nicht in einer organisch gewachsenen Landschaft, sondern in einer gesellschaftlich-ökonomisch geprägten Natur befinden. Es gab durchaus mannigfaltige Schwierigkeiten, insbesondere auch zu DDR-Zeiten, diese einzigartige Kulturlandschaft zu erhalten und nicht sich selbst zu überlassen. Heute scheint es uns selbstverständlich zu sein, dass wir uns auf die Suche nach einem Konsens für den Umgang von Kultur und Natur am selben Ort begeben haben. Das Gesamtareal steht nahezu vollständig unter Landschaftsschutz und wird ebenso zu weiten Teilen auch vom Denkmalschutzrecht geschützt. Gelegentlich, man mag es kaum glauben, kollidieren Natur- und Denkmalschutz hier miteinander, denn wenn die Natur sich wieder das zurückholt, was der Mensch ihr abgerungen hat, dann bilden sich schnell Biotope, wollen geschützte Pflanzen sich ausbreiten. So kam es, dass sich aus Geldmangel lange Jahre die Bäume über dem Kanal zum Fasanenschlösschen immer stärker ausbreiteten und die einstige Schneise nicht mehr zu sehen war. Die Schleusen des Kanals setzten sich zu, und in dem stehenden und nicht mehr von der Sonne beschienenen Wasser fand die »gemeine Krebsschere« eine Heimat. Sie steht als geschützte Pflanze unter Naturschutz. Gleichwohl muss es unser Ziel sein, den Kanal wieder seiner eigentlichen Funktion zurückzuführen, so dass der Besucher auch das wieder erleben kann, wofür er einst gebaut wurde. Denn dieser Kanal hatte ja den Sinn, eine Weltreise zur Vollendung zu bringen. Im 18. Jahrhundert traf man sich im Hafen des Fasanenschlösschens, nachdem man dort den Tee eingenommen hatte. Auf einer Barke ging es hin zu den Dardanellen, dort an der engen Stelle setzte man in einen schmalen Nachen über, der einen dem Kanal folgend wieder bis zum Fasanenschlösschen brachte. Dort oben empfing einen, seinen Kopf leicht im Wind bewegend, der Chinese. In kaum einer Stunde hatte man den Seeweg nach China abgeschlossen, konnte einkehren ins Fasanenschlösschen und die zweite Tasse Tee genießen.

Diese Geschichten sind es, die die Kulturlandschaft um Moritzburg zu erzählen hat und die wir auch in Zukunft unseren Besuchern erzählen wollen. Denn das ist noch unser großes unvollendetes Ziel, den Seeweg nach China wieder befahrbar zu machen.

Ingrid Möbius

»… so musst du allen Dingen Bruder und Schwester sein«

In einer Zeit der Umweltkrisen gibt es nur wenige Dinge, die wichtiger oder notwendiger sind, als den Nöten und dem nicht wegzudenkenden Wert der Bäume und damit auch der gesamten Biosphäre, zu deren wichtigsten Elementen die Wälder der Erde gehören, eine Stimme zu geben. [1]

Jede Epoche hat ihren Ausdruck. Der Gedanke, künstliche Natur und natürliche Kunst zu schaffen als Ausdruck von Allmächtigkeit, ist ein typischer der Menschheit – nicht nur des Barockzeitalters. Die Überschätzung des eigenen, menschlichen Wirkens, die Ausschließlichkeit der Wertschätzung allein menschlichen Tuns hat die Welt bis heute in einen sehr kritischen Zustand gebracht.

In den mit den Jahren langsam aber stetig zunehmenden Momenten der Ratlosigkeit besinnen sich die Menschen jedoch wieder mehr und mehr auf die Kraft der Natur, deren Teil sie doch sind und die sie, trotz aller Anstrengung, schlussendlich nicht kontrollieren können.

In der Natur liegt eine Quelle der Kraft, die durch perfekte Schönheit gespeist wird. Dies in Moritzburg ist offensichtlich und fasziniert jene Besucher, die Frieden suchen, Entspannung und Genuss. In dieser Kulturlandschaft schöpft man Kraft, vorausgesetzt, man bringt Geduld und Zeit mit.

Es liegt eine große Verantwortung bei der gegenwärtigen Generation der Kulturschaffenden, Landschafts- und Denkmalpfleger, die es sich zur Lebensaufgabe gemacht haben, die Schätze der Kunst und der Natur zu bewahren.

In der Moritzburger Kulturlandschaft spiegelt sich sächsische Geschichte in Bildern von besonderer Ausdruckskraft wider. Die erhalten gebliebene Jagdanlage, die sensible Eingliederung von Gebäuden und Anlagen mit barockem Charakter in ein ausgedehntes Wald- und Teichgebiet machen diesen Landstrich zu einem Juwel des Landes Sachsen. Noch nicht einem ausgefeilten Massentourismusmanagement untergeordnet, mit verschwiegenen Fleckchen am Rande des künstlich angelegten Teichsystems zur Karpfenzucht, gesegnet mit einer selten erhalten gebliebenen üppigen Tier- und Pflanzenwelt, ist es dem Wanderer gestattet, zu Gast zu sein im Reiche Artemis', die ihm großzügig ihre inzwischen selten gewordenen Schätze der Flora und Fauna präsentiert.

Nördlich von Dresden erreicht man eine dörfliche Ansiedlung, deren herausragendes Zentrum ein imposanter Schlossbau bildet, der sich aus einer spiegelnden Wasserfläche erhebt. Die Anlage eines Teiches mit einer Insel, welche das Moritzburger Schloss trägt, ist eine monumentale barocke Gestaltungsidee des 18. Jahrhunderts, die uns noch heute beeindruckt. Sanfte, wald- und grasbewachsene Hügel, glitzernde Teiche und kleine Dörfer bilden ein einheitliches Ganzes. Bereits seit mehr als 400 Jahren hat der Mensch seinen gestaltenden Willen hier geltend gemacht.

Vor den Toren Dresdens, im Moosebruch, erfolgte seit dem Beginn des 16. Jahrhunderts … eine weitreichende Gestaltung der Landschaft, bei der die natürlichen Gegebenheiten und die Formen der Landnutzung wie Jagd-, Fischerei-, Forst- und Landwirtschaft in einem weitestgehenden Einklang standen. Hügellandschaft, Wälder und zahlreiche Teiche wurden geschickt für das Gestaltungskonzept genutzt. Vom Zentrum des späteren Jagdschlosses Moritz-

Glanzvoll und königlich – das Turmquartier mit Meißner Porzellan des Prinzen Ernst Heinrich von Sachsen im Barockschloss Moritzburg

burg aus erstreckte sich dieses Gebiet im Norden, Osten, und Süden über den Mittel-, Groß- und Waldteich bis etwa zu den Orten Bärwalde, Bärnsdorf, Volkersdorf, Dippelsdorf und im Westen einschließlich des gesamten Friedewaldes bis zum Elbhang bei Coswig. [2]

Der die Moritzburger Landschaft dominierende Friedewald war Jagdgebiet des sächsischen Adelsgeschlechtes der Wettiner. Als August der Starke 1694 die Regierungsgeschäfte eines Kurfürsten übernahm, war das kursächsische Land das viertgrößte Fürstentum des Reiches. Das bedeutende wirtschaftliche Potential, z. B. reiche Bodenschätze und eine blühende Textilindustrie, bildete die Basis für eine Politik, die nicht zuletzt durch den Glücksfall der Entdeckung des europäischen Porzellans 1708 durch Johann Friedrich Böttger und die Gründung der Porzellanmanufaktur Meißen finanziell gesichert zu sein schien. Die faszinierenden Ergebnisse der Kunstfertigkeit der Tischler, Spiegelmacher, Ebenisten und Hofkistler der Jahre 1720–1750, die sich im Schloss Moritzburg und im 2007 wiedereröffneten restaurierten Fasanenschlösschen befinden, sind bis in die heutige Zeit ein eindrucksvolles historisches Zeugnis, und doch waren sie zu ihrer Entstehungszeit nur ein kleiner Teil des gewaltigen künstlerischen und wissenschaftlichen Gefüges, welches sich unter der Herrschaft des Kurfürsten Friedrich August I. von Sachsen entfaltete. Architektur, Malerei und Plastik, das Handwerk, die Naturwissenschaften und nicht zuletzt die Gartenkunst gelangten in dieser Zeit im Kurfürstentum Sachsen, einem der größten Herrschaftsbereiche Europas, zu ungeahnter Blüte.

Noch heute fasziniert uns die Moritzburger Landschaft und ihre Architektur auf unerklärliche Weise, obwohl uns die Philosophie, die zweifelsohne hinter den Gestaltungsplänen steckte, nicht mehr umfassend zugänglich ist. Der Schlüssel zur Erforschung dieses Gestaltungsgedankens liegt in der speziellen Antikenrezeption des Barockzeitalters.

Sie präsentierten die Summe naturwissenschaftlichen und technischen Wissens und demonstrieren Naturbeherrschung und -nachahmung. Die auf allen Ebenen vorgetragene kunstfertige Natürlichkeit verdankt sich dabei den wissenschaftlichen Studien, für welche die Höfe prominenter Ort sein wollten und oft auch waren. Sie verdankt sich ebenfalls dem künstlerischen Können sowie den vielfältigen Kunstbestrebungen des 16. und 17. Jahrhunderts, die wiederholt den Triumph der Kunst über die Natur bzw. ihre Symbiose propagierten. [3]

In Moritzburg hat sich ein historisches Landschaftsensemble aus Jagdanlage mit Schneisenstern für die Parforcejagd, das Hellhaus als Jagdbelvedere, das Barockschloss als zentrale Jagd- und Festresidenz eines Königs und ein Rokokoschlösschen als einzigartige, königlich-maritime Spieloase am Bärnsdorfer Großteich bis ins 21. Jahrhundert in weitgehender Originalität erhalten. Diese »Inseln« barocker und spätbarocker Architektur vermitteln heute nicht mehr schlüssig die ursprüngliche Idee eines komplexen inneren Zusammenhanges. Derzeit wird an der Präsentation dieser Anlage, der theoretischen Aufbereitung ihrer geschichtlichen Zusammenhänge, dem Sinn und der Gestaltungsabsicht gearbeitet und gleichzeitig auch geforscht. Dabei stellt sich schon seit Jahrzehnten, eigentlich seit Kriegsende, mit den logisch oftmals nicht mehr genau nachvollziehbaren Entscheidungen zu den Grenzverläufen der Bodenreform, die Schwierigkeit, die verschiedenen verantwortlichen Eigentümer der Grundstücke in einem gemeinsamen Gestaltungswillen zu vereinen.

Es ist wichtig zu betonen, dass die Vielfalt der einzelnen Elemente dieses Landschaftsensembles mit seinen architektonischen Kostbarkeiten ein historisches Vermächtnis darstellt, das es auch in schwierigen Zeiten zu bewahren gilt.

Mit der modernen Entwicklung der urbanen Lebensräume ergibt sich im 21. Jahrhundert ein stetig wachsender Veränderungsdruck. Der Bestand historischer Landschaften ist durch den Strukturwandel und den rasanten wirtschaftlichen Wandel Veränderungen ausgesetzt, die nicht selten

Verspielt und exotisch – das Innere des Fasanenschlösschens

die Zerstörung historischer Strukturen zugunsten kurzlebiger wirtschaftlicher Ziele zur Folge haben. Auch im Friedewald entdeckt der Wanderer bereits Schäden am nunmehr im Privatbesitz befindlichen Waldbestand. Dringender Handlungsbedarf ist augenscheinlich, soll die Pracht für nächste Generationen erhalten werden. Es ist gegenwärtig nicht zu sagen, ob diese Entwicklung noch grundsätzlich veränderbar ist.

Die Bemühungen der Denkmalpflege Sachsen und der Staatlichen Schlösser, Burgen und Gärten Sachsen gehen dahin, das kostbare kulturhistorische Erbe zu bewahren und so weitgreifend wie möglich wiederherzustellen, denn *»die Fortentwicklung solcher Kulturräume bedürfen einer Steuerung auf einer Planungssicherheit bietenden Grundlage, um die geschichtliche Aussage auch in die Zukunft tradieren zu können.«* [4]

Eine erfolgreiche Bewahrung von Kulturräumen wie Moritzburg setzt in der Gegenwart einen grundlegenden Wertewandel voraus. Die Erwirtschaftung finanzieller Mittel, die Betrachtung des landschaftlichen Kulturraumes ausschließlich als Mittel zum Geld verdienen, ist der Entwicklung und vor allem der Bewahrung kultureller Vermächtnisse dieser Art nicht zuträglich. Vielmehr geht es darum, bewährte humanistische Werte wie die Pflege und Hege der Tierwelt, die Liebe zur Natur, der Verbundenheit zu ihr als Quelle körperlicher und geistiger Gesundheit in schwierigen Zeiten wieder in das öffentliche Gedächtnis zurückzuholen.

Während wir mehr und mehr vergessen, was es heißt, in einer Gemeinschaft und mit der Natur zu leben, entfernen wir uns gleichsam immer weiter von unseren spirituellen Quellen. [5]

Also, worum geht es eigentlich?
Es gibt immer noch eine große Chance, im Umgang mit dem Vermächtnis Kulturlandschaft Moritzburg und seinen Facetten Wasser, Wald, Tiere und Architektur, einen Raum zu schaffen, in welchem den interessierten und bedürftigen Menschen eine Möglichkeit angeboten wird, ihre Weltsicht

zu erweitern, eine Oase der Ruhe, eine Quelle des tieferen Wissens, des Vordringens in die Geheimnisse des Lebens, quasi einen Blick hinter die »Kulissen« des Lebens zu ermöglichen. Verpassen wir sie nicht!

Entgegen aller landläufigen Erwartungen ist es gar nicht so schwer, einen Schritt in die richtige Richtung zu tun. Denn alle Veränderungen im Außen fangen bei einem selbst, tief im Inneren an. Durch Stille, Achtsamkeit und bewusste Bewegung in der Natur erschließen sich uns plötzlich ungeahnte Blickwinkel, die den Altvorderen selbstverständlich waren. Das bringt sozusagen ganz natürlich einen Erkenntnisprozess in Gang, der, als Entwicklungsprozess verstanden, die Einsicht birgt, dass sich im bewussten Umgang mit den komplexen Potenzialen eines Kulturraumes die Wertmaßstäbe immer weiterentwickeln und ständig kritisch hinterfragt werden müssen. Was hat wirklich eine sinnvolle Daseinsberechtigung, was dient dem Wohl aller Beteiligten?

Zum Beispiel hat die Arbeit mit Kindern und Jugendlichen, denen wir unser Vermächtnis weiterzugeben haben, in Moritzburg eine besondere Bedeutung. Mehr als je zuvor werden sie es nötig haben, bewährte Werkzeuge zu finden, *»... um dem unverzichtbaren Wert eines lebendigen Planeten eine Stimme zu geben, dessen Nöte wir trotz der Gefahr für unser eigenes Leben beharrlich vernachlässigen«.* [6]

Der Entwicklung positiver Leitbilder, zugeschnitten auf differenzierte Bevölkerungsschichten, kommt in der Gegenwart eine besondere Bedeutung zu, sie setzt aber auch eine klare Formulierung von Zielen und Bedingungen im Umgang mit dem Erbe voraus. Ein wichtiges Element der Bewahrung und Pflege der historischen Moritzburger Kulturlandschaft ist die Schaffung von Möglichkeiten der Identifikation der Bewohner und Gäste mit ihrer besonders schützenswerten Lebensumwelt. Es ist also auch die Funktion der Vermittlung von Bildung, die eine verantwortungsvolle Aufgabe für die Entscheidungsträger dieser Region darstellt. Dabei ist es wichtig, unterschiedlichen Niveaus an persönlicher Entwicklung und intellektueller Bildung Rechnung zu tragen. In dem Maße wie es gelingt, die ästhetische und künstlerische Durchdringung dieses Fleckchens Erde wieder erlebbar zu machen, wird ein Schatz von unermesslichem Wert für das Erbe des Landes Sachsen sozusagen wieder gehoben werden können. Dies bedarf jedoch auch verstärkt der Arbeit am Wahrnehmungsvermögen des Menschen, der darin lebt und nicht nur vordergründig (aber auch) der architektonischen und gartenarchitektonischen Instandsetzung des Gebietes, um den Genius loci wirken zu lassen.

Nahezu täglich müssen Verantwortliche für oder gegen den Erhalt gewachsener Kulturlandschaft in Moritzburg oder anderswo Entscheidungen treffen, meistens jedoch ohne sich dessen wirklich bewusst zu sein. Denn der Begriff »Kulturlandschaft« ist äußerst vielschichtig und wird verschieden interpretiert. Bedenkt man, dass der Landschaftsbegriff erst seit dem 19. Jahrhundert die mit der gegenwärtigen Ansicht des Terminus vergleichbare Begrifflichkeit beschreibt, bemerkt man, dass hier eine relativ junge wissenschaftliche Thematik gestreift wird.

Die ästhetische Gestaltung einer Landschaft zu erfassen, kann sich der geneigte Spaziergänger jedoch auch zu einer vergnüglichen Aufgabe machen, ohne die Theorie zu bemühen, und ist damit auf einem guten Weg, sich die verborgenen Schätze in Moritzburg zu erobern und zu erschließen. Die Wahrnehmung besonderer Lichtverhältnisse, außergewöhnlicher Blickwinkel, des Wandels der Jahreszeiten, der Geräusche, die Beobachtung der Tierwelt ist ein Vergnügen, welches zwar Ausdauer erfordert, jedoch – beharrlich verfolgt – wahre Wunder an Einsicht bewirken kann. Der Weg nach Innen, weniger der Weg der rationalen Erfassung der materiellen Welt, ist ein Mittel der Zukunft, Überzeugungen zu schaffen, die der Gefahr von Zerstörung durch Fehlentscheidungen Nachhaltiges entgegensetzen können. Es entstehen Einsichten, die durch Erfahrung hervorgerufen wurden und deshalb eine belastbare Tragfähigkeit besitzen. Wir leben in einem Zeitalter, in welchem die Schulung unserer Wahrnehmung eine lebenswichtige Rolle spielen wird.

So beschreibt Hermann Hesse diese Art der Verbindung zur Natur in seinem Gedicht »Spruch«:

So mußt du allen Dingen
Bruder und Schwester sein,
Daß sie dich ganz durchdringen,
Daß du nicht scheidest Mein und Dein.

Kein Stern, kein Laub soll fallen –
Du mußt mit ihm vergehn!
So wirst du auch mit allen
Allstündlich auferstehn.

Der vorliegende Band soll sozusagen als längst fällige Registratur des Vorhandenen fungieren. Eine vor allem foto-ästhetische Bestandsaufnahme. Eine Erinnerung an das, was aus Sicht der Autoren bewahrenswert ist, die Feststellung eines Zustandes, wohl wissend, dass der Wandel sich rasant vollzieht und man nie wirklich etwas festhalten kann. Es ist immer und unausweichlich nur eine Momentaufnahme, die vergebliche und doch so menschliche Mühe, etwas festzuhalten, was wunderschön ist und die Fantasie der Künstler seit Jahrhunderten immer wieder neu beflügelt.

Berühmtestes Beispiel für die künstlerische Faszination der Moritzburger Gegend ist das Wirken der Künstlergruppe »Brücke« vor 100 Jahren, von 1909 bis 1911, in Moritzburg. 1995 eröffnete das Museum Schloss Moritzburg als erste Einrichtung nach dem Krieg eine relativ umfassendende Werkschau von Fritz Bleyl, Erich Heckel, Ernst Ludwig Kirchner und Max Pechstein in Bezug auf deren Moritzburg-Aufenthalte und dokumentierte so das bahnbrechende kunsthistorische Ereignis der Entstehung des Expressionismus an historischem Ort. Der damalige Ministerpräsident des Freistaates Sachsen, Kurt Biedenkopf, würdigte in seinem Vorwort zum Katalog diese Initiative des Museums als das Einlösen einer *»lange aufgeschobenen Schuld der sächsischen Landeshauptstadt«*. [8]

Tatsächlich war diese Ausstellung ein hervorragendes kulturelles Ereignis, welches das Potenzial der »Landschaft mit Kultur« in beeindruckender Weise zum Glänzen brachte. Besonders die Entdeckung von Motiven des Moritzburger Schlossparks in Handzeichnungen und Aquarellen von Bleyl, Kirchner und Heckel war eine Überraschung, und die Darstellungen des Moritzburger Fasanenschlösschens von Kirchner und Heckel bewegten die Betrachter außerordentlich.

Anlässlich der Finissage der »Brücke«-Ausstellung im Moritzburger Schloss wurden alle Nachkommen der »Brücke«-Künstler nach Moritzburg in das Barockschloss eingeladen. Es gelang tatsächlich, die Nachfahren aller Anfang des 20. Jahrhunderts in Moritzburg wirkenden Künstler im Barockschloss zu versammeln. Mit einem Rundgang durch Moritzburg zu den Orten der berühmten Moritzburg-Motive der Künstler wurde ein berührender Abschluss der Schau geschaffen.

Diese Landschaft beflügelt den kreativen Geist vieler Künstler damals wie heute. 1968 bis 1998, 30 Jahre lang, entstanden in einem Atelier im sogenannten Küchenturm des Barockschlosses Moritzburg faszinierende Entwürfe Meißner Porzellans. Sie begründeten den Weltruhm des Meißner Porzellans nach dem Zweiten Weltkrieg. Rudi Stolle, Peter Strang, Ludwig Zeppner, Heinz Werner und Rudi Bretschneider ließen sich von der Harmonie und der Lebendigkeit von Architektur und Natur nachhaltig inspirieren. Es entstanden im Moritzburger Atelier Werke wie »Großer Ausschnitt« (um 1976), »Tausendundeine Nacht« (1973/74). Das barocke Ambiente und der gestaltete Naturraum beeinflussten das Schaffen der Meißner Gruppe so nachhaltig, dass sie das Gesicht der Porzellanmanufaktur Meißen dieser Jahre entscheidend prägten.

Eine Fülle von Zeichnungen und Skizzen entstanden in den oft monatelangen Aufenthalten der einzelnen Künstler – gemeinsam oder allein – in Moritzburg. Auseinandersetzungen, Gespräche, Pläne, alles wurde ausführlich diskutiert und ausprobiert. Der Freiheitsgrad des Schaffensprozesses in Moritzburg trug seine Früchte in international anerkannten Produktionen aus Meißen, die in aller Welt Beachtung und natürlich auch Absatz fanden. Besonders das fruchtbare künstlerische Schaffen in Moritzburg zeigt, dass es keinen zwangsläufigen Gegensatz zwischen Mensch und Natur gibt. Es geht darum, sich wieder zu erinnern an einen Zustand des tiefen Verbundenseins mit der Natur, der in Wirklichkeit nie aufgehört hat zu existieren. Wir müssen nur in dieser lauten Zeit wieder lernen, diese Verbundenheit in uns wiederzufinden.

Es ist unter geeigneten Bedingungen eine Art Symbiose möglich, eine kreative, alle Sinne beanspruchende Wahrnehmung dessen, was ist. Daraus entsteht Neues, bestenfalls ist es Kunst, welche Generationen überdauert, wie in diesem Fall.

In den 1980er-Jahren gab es erstmalig eine angemessene Würdigung der Arbeit dieser Meißner Künstler in Form von vielbeachteten Sonderausstellungen im Barockschloss, welche die Vielfalt und die Intensität der Arbeit der Künstler veranschaulichten und den Balanceakt zwischen Kunst und industrieller Vermarktung deutlich werden ließen, dem die Künstler äußerst erfolgreich immer wieder Rechnung zu tragen wussten.

Die Jahrtausendwende war ein Meilenstein im Wirken um die Erhaltung des Moritzburger Natur-Denkmalensembles. Die Sonderausstellung »Inspiration Moritzburg« präsentierte alle Künstler, die in den vergangenen 100 Jahren in Moritzburg wirkten, und eine Gruppe junger Künstler wurde eingeladen, Eigenes extra aus Anlass dieser Schau zu schaffen. Natürlich fanden hier auch die »Brücke«-Künstler ihren Platz, genauso wie die unvergessenen Moritzburger Maler Karl Timmler, Erik Mailick und Hans Georg Annies.

Seit 2000 entstand auch ein Schub im Bereich der baulichen Instandsetzung der Moritzburger Schlösser, nachdem sich das staatliche Interesse in den 1990er-Jahren zuerst anderen sächsischen Schlössern in Form von beachtlichen Bauinvestitionen in Millionenhöhe zugewandt hatte. Als eine der ersten Rekonstruktionen wurde ab 1992 die Instandsetzung des nördlichen Lustgartens gemeinsam mit dem Landesamt für Denkmalpflege in Angriff genommen.

Nach einer kurzen Orientierungsphase führten die Mitarbeiter des Schlosses Moritzburg ihre Bemühungen um den Erhalt der Kulturdenkmäler weiter und erstellten bereits 1995 später die erste Nutzungskonzeption für das Schloss Moritzburg und das Fasanenschlösschen. Es sollten letztlich bis zum Jahre 2009 insgesamt fünf jeweils fortgeschriebene Versionen entstehen. In ihnen wurde festgeschrieben, mit welcher Priorität und mit welchem Umfang die Schlösser und das zu verwaltende Gelände mit den Gärten und Teichen im Laufe der nächsten Jahrzehnte rekonstruiert werden. So konnten zuerst 2000/01 der Monströsensaal und der Steinsaal im Barockschloss restauriert werden. Das nordwestliche Quartier No. 6, das sogenannte Damenbildniszimmer, wurde im Jahre 2004 fertiggestellt.

Seit 1982 wurde an der Restaurierungsmethode der Lederwandbespannung der Moritzburger Schlossräume, deren künstlerische Qualität ihresgleichen in der Welt sucht, geforscht. Die Ergebnisse der umfangreichen Forschungen sind bis heute die Basis für jegliche Restaurierung von Ledertapeten weltweit.

Auch die Außenanlagen, welche die Moritzburger Schlösser unmittelbar umgeben, wurden in die Planung miteinbezogen. Bei der großflächigen Instandsetzung der Teichanlage des Barockschlosses in den Jahren 1991/92 machten die Restauratoren überraschende Funde. Auf dem Boden des Schlossteiches, besonders an den nördlichen und östlichen Uferbereichen, fanden sich tausende Scherben aus Porzellan und Keramik. Auch Glas mit emaillierter Bemalung kam im Schlamm zum Vorschein. Vor den Baggern und den tonnenschweren Transportern, welche den Schlamm abtransportierten, herwandernd, bargen ohne weitere personelle Unterstützung die zwei im Schloss beschäftigten Restauratoren in aller Stille und mit bemerkenswerter Ausdauer einen unglaublichen Schatz. Schließlich konnten kostbare Gläser und Porzellane, die seit Kriegsende als verschollen galten, aus den geborgenen Scherben in mühsamer, jahrelanger Kleinarbeit wieder zusammengefügt werden. 2001 entstand aus diesen Funden im Rahmen der Instandsetzung des Schlossteiches die neue und umfangreiche Dauerausstellung zur Küchenkultur im Barockschloss. Wenig später

Fremd und absolut einmalig auf der Welt – das Moritzburger Federzimmer

konnte auf dieser Basis zusätzlich noch im Buffettzimmer neben dem historischen Festsaal des Barockschlosses ein kleines Gläserquartier als neuer Dauerausstellungsteil eröffnet werden, welcher die Schätze erstmals seit 1945 wieder dem geneigten Betrachter präsentiert.

Kurz darauf wurde das in der Welt absolut einmalige »Moritzburger Federzimmer« nach zwanzigjähriger Restaurierungszeit im Jahre 2004 wieder der Öffentlichkeit zugänglich gemacht. Was mit dem Wunsch nach Konservierung eines Federrestes einer Wandbespannung im Jahre 1980 begann, welcher durch das Museum Schloss Moritzburg an die damalige Bezirksrestaurierungswerkstatt im Stadtmuseum Dresden herangetragen wurde, endete mit einer sensationellen Rekonstruktionsleistung der Restauratoren und Wissenschaftler beider Einrichtungen, für die es mit Recht die Goldmedaille im Bereich Erhaltung und Restaurierung der Europa Nostra gab. Das Moritzburger Federzimmer beherbergt ein Paradebett, welches zu Zwecken des barocken Hofzeremoniells im 18. Jahrhundert an den europäischen Königshöfen genutzt wurde. Die Besonderheit besteht hier in der Ausstattung mit Millionen Vogelfedern, welche zu einer Art »Gewebe« tatsächlich mittels einer echten Webtechnik verbunden wurden. Dieser Raum ist ein Gebilde von exotischer Schönheit und es ist ein großer Glücksfall, dass es gelang, dieses verloren geglaubte Kleinod für die Nachwelt zu bewahren (Abb. S. 15).

Schließlich war 2007 die zwölfjährige Rekonstruktionsphase des Moritzburger Fasanenschlösschens beendet und es wurde im Juni des Jahres wiedereröffnet, zunächst ohne die kostbaren Federtapeten, Strohtapeten und Seidentapeten, die jedoch in den nächsten Jahren wiederhergestellt sein werden. Die umfassende Rekonstruktion war möglich geworden, weil 1995 eine anonyme private Spende von 600.000 DM über die Deutsche Stiftung Denkmalschutz an das Schloss Moritzburg weitergeleitet wurde. Sie bildete den Startschuss für eine grundsätzliche Restaurierung des ganzen Schlosses durch den Freistaat Sachsen, wie sie es seit seiner Entstehung Ende des 18. Jahrhunderts nicht gegeben hatte und die letztlich mehr als 3 Millionen Euro kosten sollte. Zur Zeit arbeitet man an der Planung zur Wiederherstellung der ländlich-maritimen Gartenanlage, die das Schlösschen einrahmt und deren Höhepunkt eine echte kleine Hafenanlage mit dem ältesten Leuchtturm im Binnenland darstellt (Abb. S. 85).

Schließlich konnten im Jahre 2008/09 die rekonstruierte und als Veranstaltungssaal eingerichtete Schlossküche und das neu eingerichtete Porzellanquartier, welches eine eindrucksvolle Sammlung jagdlicher Porzellane aus der zweiten Hälfte des 18. Jahrhunderts zeigt, der Öffentlichkeit übergeben werden.

Das sogenannte Moritzburger Porzellanquartier fungierte in den 1920er-Jahren für den wettinischen Prinzen Ernst Heinrich von Sachsen und für dessen auf Schloss Moritzburg lebenden Familie als privater Wohnbereich, der jedoch auf Nachfrage auch besichtigt werden konnte. Es gelang, die originale Farbigkeit der Seidenwandbespannungen wiederherzustellen und damit einen authentischen Eindruck der prachtvollen Räume zu erzeugen (Abb. S. 8).

Nun, da die wesentlichen Rekonstruktionsarbeiten im Barockschloss und im Fasanenschlösschen in vollem Gange sind, ist daran zu denken, auch die Gartenanlagen zu erforschen und zu rekonstruieren. Hier erweisen sich vor allem jedoch die komplizierten Eigentumsverhältnisse, die in der Bodenreform von 1948 ihre erste Ursache haben, jedoch auch mit den Entscheidungen zu Verkäufen von Liegenschaften und Wäldern an Privat in den 1990er-Jahren unnötig kompliziert wurden, als Hindernis.

So finden sich in der Gegenwart komplizierte Besitzverhältnisse, die eine denkmalgerechte Instandsetzung der historisch gewachsenen Anlage wesentlich erschweren, weil maßgebliche Teile des zusammengehörigen Denkmalensembles in Privathand sind. Hier ist einfühlsames und verantwortungsvolles Handeln und Verhandeln angesagt, um das kostbare historische Landschaftsensemble vor allem im Bereich des Moritzburger Fasanenschlösschens wiederherstellen und schließlich zur Freude der Gäste auch kulturell wiederbeleben zu können. Es ist jetzt Aufgabe, dieses Kleinod sächsischer Kultur wieder aufblühen zu lassen und dem Publikum nicht nur zugänglich – denn das ist es seit langem –, sondern endlich wieder in seinem historisch-kulturellen Zusammenhang verständlich zu machen.

Um sich ein Bild von möglichen Konsequenzen eines umfangreichen baulichen Eingriffs in die inzwischen von der Natur weitgehend überformten Anlagen zu machen, wurde von Schloss Moritzburg mit Hilfe der Deutschen Stiftung Umwelt in den Jahren 1999 und 2000 eine wissenschaftliche Studie »Zur Revitalisierung der umweltgeschädigten Kulturlandschaft Moritzburg« initiiert. Hier wurde aus allen erdenklichen Blickwinkeln gemeinsam mit dem Landesamt für Denkmalpflege, dem Institut für Diagnostik und Konservierung an Denkmalen in Sachsen e.V., der TU Dresden – Institut für Hydrologie und Meteorologie – und dem Landschaftsplanungsbüro Dr. Bormann und Partner GmbH sowie dem Bereich Gärten der Staatlichen Schlösser, Burgen und Gärten Sachsen untersucht, was die Folgen eines tiefgreifend gestaltenden Eingriffs in die seit dem 19. Jahrhundert nicht mehr veränderte Landschaftsanlage der beiden Schlösser in Moritzburg sein würden. Es zeigte sich, dass in Moritzburg eine bedeutende Artenvielfalt der Flora und Fauna besonders in den letzten sechs Jahrzehnten ihre Heimat gefunden hat, die ob ihrer Seltenheit eines behutsamen und weitsichtigen Umgangs bedarf.

Die Wiederherstellung der barocken bzw. spätbarocken Anlage mit ihren Gärten, der Fasanenhaltung und der königlichen Vergnügungsanlage am Großteich, die sich bis zu den Dardanellen im Westen erstreckt, sollte nicht in ihr Gegenteil verkehrt werden, wenn man dafür die Standorte geschützter Pflanzen und den Lebensraum von anderswo schon längst ausgestorbenen Tierarten durch eine intensive Bautätigkeit zerstört. Hier kommt es darauf an, Kompromisse zu schließen und sich von Achtsamkeit und Empathie leiten zu lassen. Das bedeutet auch, neben dem fachlichen einen immens großen Aufwand an organisatorischer und verwaltungstechnischer Arbeit zu bewältigen, und ringt den Akteuren ein großes Maß an Geduld ab. Doch der Aufwand wird belohnt, sieht man die Ergebnisse einer wiedererstandenen, in herzerfrischender Schönheit glänzenden Anlage. Eine Ahnung von der zukünftigen Pracht bekommt man, sieht man sich die fast fertiggestellte Innenausstattung des Moritzburger Fasanenschlösschens an. Das 2009 in Betrieb genommene Besucherzentrum, unmittelbar hinter dem Schlösschen gelegen, vermittelt durch seine Darstellung der Historischen Landschaftsanlage einen Eindruck von dem, was man sich wiederzubeleben vorgenommen hat.

Die Ergebnisse der verschiedenen, interdisziplinären Untersuchungsrichtungen verweisen letztlich jedoch übereinstimmend auf die positiven Chancen, die Landschaft in Moritzburg so zu revitalisieren, dass gartenhistorische, naturräumliche und wirtschaftliche Belange zu einer verantwortungsvollen und zeitgemäßen Einheit gelangen können. Ein umfangreicher Maßnahmenkatalog befindet sich derzeit in Planung bzw. in Umsetzung. Die gartenhistorisch wertvollen Bereiche haben sich erhalten und bieten eine gute historische Substanz mit einer Vielzahl originaler Elemente, die als Höhepunkt der Kulturlandschaft um Moritzburg in ihrer ursprünglichen Pracht wiederhergestellt werden können.

Wenn es gelingt, die stetig wachsende Zahl der Besucher von der Schönheit dieses Fleckchens Erde zu begeistern, ihnen den Wert und die dringende Notwendigkeit der Erhaltung der naturräumlichen und historischen Werte wirklich begreifbar zu machen, dann werden all diese Bemühungen von Erfolg gekrönt sein.

Diese Betrachtung zum Abschluss zu bringen eignet sich ein Auszug aus Hermann Hesses Gedicht »Dienst« aus dem Jahre 1936 besonders gut: [9]

Längst ist der Göttersöhne heilige Reihe
Erloschen, und die Menschheit blieb allein,
In Lust und Leides Taumel, fern vom Sein,
Ein ewiges Werden ohne Maß und Weihe.

Doch niemals starb des wahren Lebens
Ahnung,
Und unser ist das Amt, im Niedergang
Durch Zeichenspiel, durch Gleichnis und
Gesang
Fortzubewahren heiliger Ehrfurcht
Mahnung.

Vielleicht, daß einst das Dunkel sich
verliert,
Vielleicht, daß einmal sich die Zeiten
wenden,
Daß Sonne wieder uns als Gott regiert
Und Opfergaben nimmt von unsern
Händen.

1 John M. Greer, Vorwort in: Philip Carr-Gomm, »Weisheit der Natur«, Braunschweig 2009
2 Christoph Bormann, Studie zur Revitalisierung der umweltgeschädigten Kulturlandschaft Moritzburg am Beispiel der Fasanerie, Schloss Moritzburg 2000
3 Birgit Franke, »Natürliche Kunst und künstliche Natur – ein Beitrag zur Grottenkunst des 16. und frühen 17. Jahrhunderts« in »Künste und Natur«, Bd. II
4 Gerd Weiß, Referat im Rahmen des Symposiums »Der Rheingau – Erhalt und Entwicklung einer Kulturlandschaft«, Juni 2000 in Hochheim/Hessen
5 Philip Carr-Gomm, »Weisheit der Natur«, Braunschweig 2009
6 Ebenda
7 Auszug aus »Dienst«, in: Hermann Hesse, Sämtliche Werke, Band 5: Das Glasperlenspiel. © Suhrkamp Verlag Frankfurt am Main 2001.
8 Kurt Biedenkopf in: »Künstler der Brücke in Moritzburg«, Ausstellungskatalog, Dresden 1995
9 »Spruch«, aus: Hermann Hesse, Sämtliche Werke, Band 10: Die Gedichte. © Suhrkamp Verlag Frankfurt am Main 2002

Frühling

Landgestüt Moritzburg

Der Legende nach erwarteten die Hofnarren Schmiedel und Fröhlich nach einem Streit August den Starken auf dem Dach des Gestüts sitzend.

Die Moritzburger Kirche

Oben: Das Moritzburger Landgestüt
Unten: Der Schwanenteich war ursprünglich ein Teil des Schlossteiches.

Am Schlossteich

Oben: Das Schloss vom östlichen Teichufer aus gesehen
Unten: Kastanien säumen das Ufer des Schlossteiches

Das erste Grün sprießt am Kanal.

Der Kanal zwischen Großteich und Venusbrunnen

Oben: Der Kanal an den Dardanellen
Unten: Eingang zum Entenfang

Oben: Warten auf den Wasserstorch am Fasanenschlösschen
Unten: Wirtschaftskeller am Fasanenschlösschen

Oben: Blick in die Fasananzuchtanlagen
Unten: Der alte Fasanengarten

Oben: Detail des Vierseitenhofes am Fassadenschlösschen im Frühling
Unten: Marcolinihaus im Frühling

Die Gondelhäuser am Großteich

Apoll im Schatten – Skulpturenschmuck am Fasanenschlösschen

Ausblicke aus den Dachfenstern des Fasanenschlösschens

Blick vom Dach des Fasanenschlösschens

Gartenschmuck des Fasanenschlösschens

Sandsteinvase mit Widderkopf am Venusbrunnen des Fasanenschlösschens

Das Kanalufer am Fasanenschlösschen

Der Kanal verbindet das Fasanenschlösschen mit dem Großteich.

Blick auf das Barockschloss vom Kanal am Fasanenschlösschen

Brückenspiegelung an der Fasanenstraße

Am Kanal

Kanal vor dem ersten Grün

Am Bärnsdorfer Großteich – Morgenstimmung

Nebliger Blick von Bärwalde zum Leuchtturm am Fasanenschlösschen

Rosa Nebel über den Wiesen

Morgennebel an der Fasanerie

Wald Richtung Mittelteichbad – viele kleine Kanäle durchziehen den Friedewald.

Bäume, die in den Himmel wachsen – Eichen sind charakteristisch für den Moritzburger Mischwald.

Der Tunnel an der alten Hohburg

Am Schlossteich

Das Westufer des Schlossteiches

Besuch der Graugänse vor dem östlichen Kavaliers

Am Gartentor

Geformte Linden im Schlosspark Moritzburg

Lindenallee im Park des Moritzburger Schlosses

Impression aus dem Schlosspark

Der »Nagelschuppen« im Schlosspark

Oben: Die Lindenallee ist bestimmendes Gestaltungsmerkmal des barockens Schlossparkes am Moritzburger Schloss.

Oben: Eine Natursteinmauer bildet die Grenze zwischen dem Park des Moritzburger Schlosses und dem Friedewald.
Unten: Nördlicher Ausgang des Schlossparks in den Friedewald

Magnolie

Blütenpracht im Schlosspark des Barockschlosses

Rhododendron im Schlosspark

Im Lustgarten des Barockschlosses

Blick von Norden in den Schlosspark

Der Zahn der Zeit… – historisches Seitengebäude im Park des Schlosses Moritzburg

Detail eines Wappens – Sandstein ist das typische Baumaterial in Moritzburg.

Das Käthe-Kollwitz-Haus in Moritzburg

Silber auf dem Moritzburger Schlossteich

Blick aus der Vogelperspektive nach Osten, Richtung Fasanenschlösschen

Die »Trauminsel« mit Teichhäuschen im westlichen Schlossteich

Oben: Das Märchenschloss im Nebel
Unten: Morgendämmerung am Schlossteich

Sommer

Die alte Dardanellenmauer am Großteich

Feentanzplatz im Friedewald

Aus der Vogelperspektive auf den Hafen am Fasanenschlösschen geblickt

Delphin mit Nymphenkind, Detail des Venusbrunnens

Nebelschleier am Venusbrunnen

Apoll am Fichtenweg zwischen Venusbrunnen und Fasanenschlösschen

Sandsteinskulptur des Meleager mit Eberkopf, vom Weißstorch beobachtet

Der Mandarin auf dem Dach des Fasanenschlösschens bekommt Besuch.

Sandsteinskulptur der Diana

Sandsteinskulptur des Meleager mit Eberkopf

Sandsteinskulptur eines Hirsches am Fasanenschlösschen

Brünnlein vor dem Fasanenschlösschen

Die Schlosskapelle auf der Westseite des Barockschlosses

Gewitterstimmung am Barockschloss

Nebelzauber auf dem Schlossteich

Das Herz – Kastanie im Schlosspark

Sommeridylle im Schlosspark

Sonnenuntergang am Schlossteich

Abendschein am Barockschloss

Herbst

Durchgang an der alten Tiergartenmauer

Der Kanal zwischen Großteich und Fasanenschlösschen

Blick von Südwesten auf das Fasanenschlösschen

Der älteste Binnenleuchtturm steht in Moritzburg am Fasanenschlösschen.

Das Moritzburger Fasanenschlösschen

Leuchtturm mit Mole am Großteich

Herbstlicher Raureif an der Fasanenstraße

An der Fasanenstraße, im Hintergrund blinkt der Bärnsdorfer Großteich.

Blick auf die Douglasien am Fasanenschlösschen

Mole mit Leuchtturm am Fasanenschlösschen

Die Eiche ist ein mystischer Baum, der in vorchristlichen Naturverehrungen einen zentralen Platz einnahm.

Diana, die Göttin der Jagd, Schutzpatronin des Waldes und der Tiere im Garten des Fasanenschlösschens

Venus mit Amor im Garten des Fasanenschlösschens

Detail des Marcolinihauses am Fasanenschlösschen

Noch im Dornröschenschlaf – das historische Wohnhaus des Grafen Marcolini am Fasanenschlösschen

Oben: Vergänglichkeit – Teil eines Vierseitenhofes am Fasanenschlösschen
Unten: Mauerreste des Vierseitenhofes

Oben: Schaugehege für die Fasanenzuchtanlage am Fasanenschlösschen
Unten: Alte Fasanenzuchtanlage am Fasanenschlösschen

Sandsteinskulptur des Meleager mit dem Eberkopf am Eingang des Fasanenschlösschens

Sandsteinskulptur der Diana am Eingang des Fasanenschlösschens

Blick auf den Venusbrunnen

Am Venusbrunnen des Fasanenschlösschens

Herbst im Friedewald

Oben: Nutria, eine Tierart, die auch in freier Wildbahn lebt und gerne dem Moritzburger Schlosspark einen Besuch abstattet
Unten: Wildschweine und Schneeeule im Moritzburger Wildgehege

Der Kanal am Venusbrunnen in herbstlicher Stimmung

Am Kanal mit Blick zum Fasanenschlösschen

Brückenbogen der Fasanenstraße

Der Kanal zwischen Großteich und Fasanenschlösschen

Oben: Die Ruine des Hellhauses – morbide Schönheit
Unten: Schlossparkmauer

Die Hohburg im Friedewald

Oben: Der nördliche Lustgarten am Barockschloss
Unten: Herbstlicht im Park

Oben: Kastanien am Teichhaus
Unten: Die Kastanienbäume des Schlossparks werden kugelförmig geschnitten.

Kavaliershaus im Herbstlicht

Feennebel im Moritzburger Schlosspark

Putto mit Tambourin

Oben: Putto mit Trompete
Unten: Putto mit Hammer und Amboss auf der Balustrade der Schlossterrasse

Oben: Putto mit Eberkopf
Unten: Am Barockschloss

Die Schlossauffahrt

Oben: Jäger mit Horn und Hund auf der Schlossbalustrade
Unten: Die Teichhäuschen am Ufer der Schlossinsel

Oben: Der Moritzburger Pikör
Unten: Jäger mit Hund auf der Schlossbalustrade

Der »Tanz der der kleinen Schwäne« im Nebel

Ein magischer Morgen

Goldener Sonnenaufgang

Auf der Insel

Verstecktes Schloss

Schwäne, die Dauergäste auf dem Schlossteich

Oben: Reiher machen Station
Unten: Moderne Sandsteinskulptur am Schlosspark

Blick von Süden auf das Moritzburger Schloss

Nebel am Teich

Morgens am westlichen Schlossteich

Die Moritzburger Kirche im Morgennebel

Oben: Gold-rosa Morgen am Dippelsdorfer Teich
Unten: Sonnenaufgang am Dippelsdorfer Teich

Winter

Teichimpression

Winter am Schwanenteich

Eis auf dem Schlossteich

Der Kanal am Fasanenschlösschen im Eis

Leuchtturm in der Ferne am Großteich

Oben: Die Fasanenstraße zum Schlösschen
Unten: Die Churfürstliche Waldschänke am Fasanenschlösschen

Wintergäste am Hafen des Fasanenschlösschens

Douglasien am Fasanenschlösschen in der winterlichen Morgensonne

Oben: Gondelhaus am Bärnsdorfer Großteich
Unten: Goldener Sonnenaufgang an der Hafenmole des Fasanenschlösschens

Frieden am Fasanenschlösschen

Das Fasanenschlösschen im winterlichen Rosé

Oben: Dachdetail des Fasanenschlösschens
Unten: Die Sichtschneise zum Barockschloss

Sandsteinskulptur eines Rothirschen am Sockel des Fasanenschlösschens

Fichtenweg zwischen Venusbrunnen und Fasanenschlösschen

Am Fichtenweg zum Brunnen am Fasanenschlösschen

Detail des Venusbrunnens am Fasanenschlösschen

Winterpracht im Schlosspark

Winterliche Wege am Teichufer des Schlossparks

Winterstimmung im Schlosspark

Oben: Frostige Tage im Schlosspark
Unten: Buchsbaumhecke im Schlosspark

Lindenallee im Winterschlaf

Oben: Schlosspark im Winterschlaf
Unten: Der Schlossteich ist unter dem Schnee verschwunden.

Oben: Ruhe auf der Schlossinsel
Unten: Auf der nördlichen Schlossterrasse

Putto im Winterkleid

Oben: Es wird kalt für die Graugänse im Schlosspark.
Unten: Reflexion am winterlichen Schlossteich

Oben: Winterliches Morgenlicht am Schlossteich
Unten: Geisterbäume auf der Schlossinsel

Weg im Eis mit dem »Moritzburger Pferd«, das aus Anlass der »Inspiration Moritzburg« kreiert wurde

Auf dem Weg zum Dippelsdorfer Teich

Winterliche Stimmungen am Schloss Moritzburg

Übersichtsplan

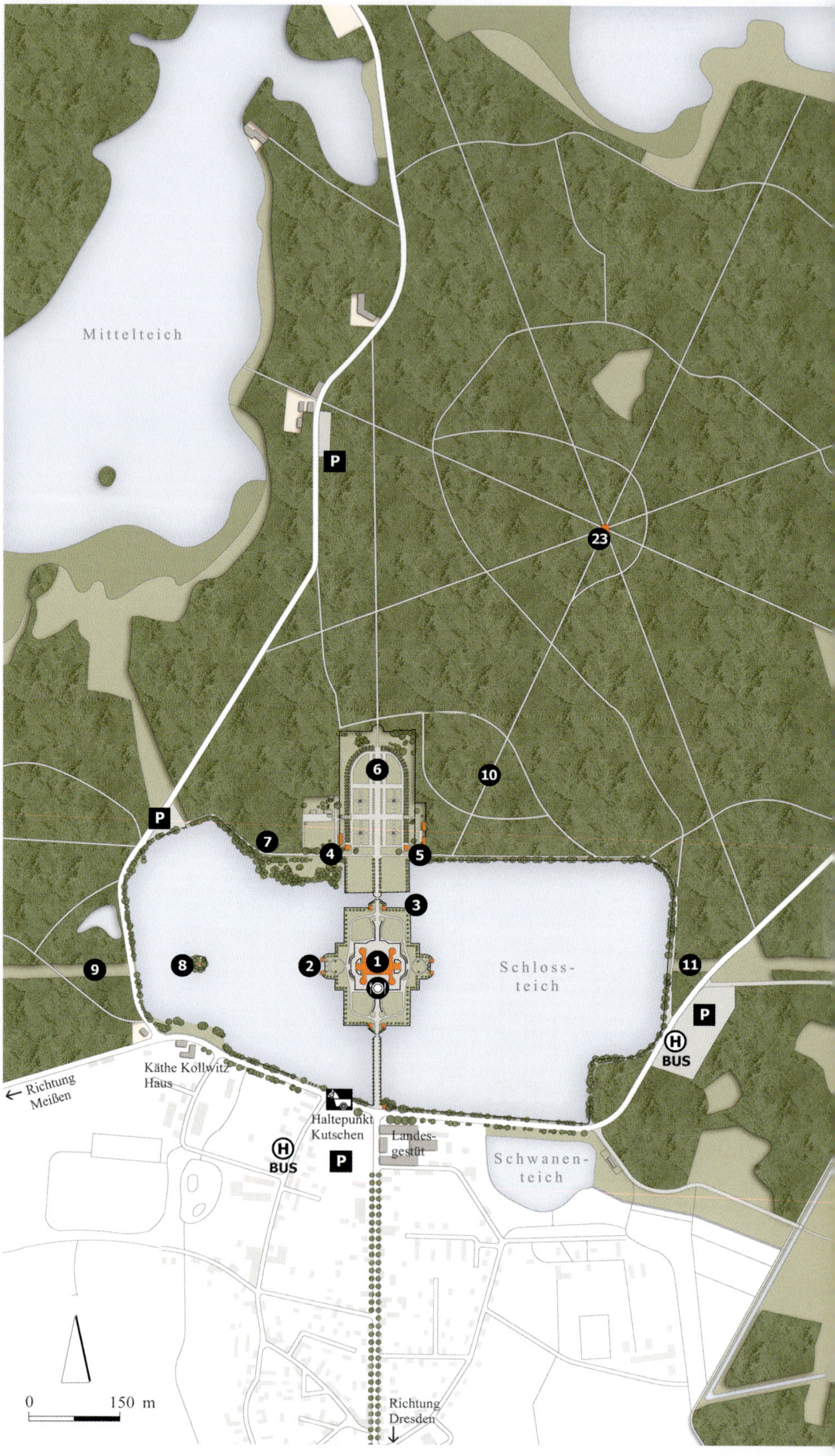

1 Jagdschloss
2 Teichhäuser
3 Schlossinsel
4 Westliches Kavalierhaus
5 Östliches Kavalierhaus
6 Schlosspark
7 Eiskeller
8 Kleine Insel
9 Schneise Richtung Hohe Burg
10 Schneise des alten Jagdsterns am Hellhaus
11 Sichtachse zum Fasanenschlösschen
12 Kanal
13 Dardanellen
14 Venusbrunnen
15 Fasanenschlösschen
16 ehemaliges Hofküchengebäude
17 Fasanengehege mit Bruthäusern
18 ehemalige Fasanenremise
19 Mole
20 Leuchtturm
21 Sterninsel
22 Eremitageinsel
23 Hellhaus mit Jagdstern
24 ehemaliges Torwärterhaus bis 1912

Literaturverzeichnis

Walther Bachmann, Die Fasanerie zu Moritzburg, in: Jahrbuch zur Pflege der Künste, Dresden 1954, S. 14–23

Harald Dippel, Deutschland und die amerikanische Revolution. Sozialgeschichtliche Untersuchungen zum politischen Bewusstsein im ausgehenden 18. Jahrhundert, Phil. Diss. Hähn, 1972

Monika Schlechte, Das barocke Architektur- und Landschaftsensemble Moritzburg, Phil. Diss. Dresden, 1981

Fritz Löffler, Das alte Dresden. Geschichte seiner Bauten, 6. Auflage, Dresden 1982

Iris Bytomski, Teichwirtschaft in Moritzburg und Umgebung von den Anfängen bis 1800, Fachschulabschlussarbeit, Leipzig 1983

Monika Schlechte, Der barocke Tiergarten in Moritzburg, in: Jahrbuch der Staatlichen Kunstsammlungen Dresden, 1984, S. 23–42

Hans-Günther Hartmann, Moritzburg, Schloß und Umgebung in Geschichte und Gegenwart, Weimar 1989

Heinrich Magirius, Geschichte der Denkmalpflege Sachsen. Von den Anfängen bis zum Neubeginn 1945, Berlin 1989

Ingrid Möbius / Margitta Hensel, Moritzburg – das Jagdschloss und seine Umgebung, Berlin 1991

Dresdner Geschichtsverein e.V. (Hrsg.): Die Moritzburger Kulturlandschaft, Dresdner Hefte Nr. 42 , Beiträge zur Kulturgeschichte, 1995

Albert Herzog zu Sachsen, Die Wettiner in Lebensbildern, Graz / Wien 1995

Sächsische Schlösserverwaltung Schloss Moritzburg in Zusammenarbeit mit dem Landesamt für Denkmalpflege Sachsen und der Deutschen Bundesstiftung Umwelt (Hrsg.): Studie zur langfristigen Revitalisierung der umweltgeschädigten Kulturlandschaft Moritzburg am Beispiel der Fasanerie zu Moritzburg, Moritzburg 2000

Hartmut Prasch (Hrsg.): Museum, Umwegrentabilität und Wertschöpfung, in: Schriften des Museums für Volkskultur, Spittal a.d. Drau 2001

Ingrid Möbius / Margitta Coban-Hensel, Schloss Moritzburg – die Kulturlandschaft und ihre Nutzung, Leipzig 2003

Ralf Giermann, »Die Sorgen an den Nagel hängen …« Moritzburger Festkultur im Augusteischen Zeitalter, Dresden 2005

Ingrid Möbius, Schloss Moritzburg, 4. Auflage, Regensburg 2006